12歳までに身につけたい

自分の「好き」をことばにできるノート

[著] 三宅香帆

JN152808

Discover

はじめに

「好き」について話すのは とっても楽しい！

「これ、やばい！」

この言葉、みんなよく使いますよね。あなたも使ったことがあるでしょうし、まわりのお友だちも使っているでしょう。

でも、あなたの心の中にある「やばい」と、お友だちの心の中にある「やばい」って、実は同じではありません。

それなのに、言葉にした瞬間に、同じになっちゃうんです。

こういう言い方は、自分の言葉とはいえません。みんなが

使っているからといって、みんなと同じ言い方ですませることに慣れてしまうと、本当に伝えたい自分の気持ちをうまく言葉にすることができなくなってしまうかもしれません。

それってちょっと嫌だなと思いませんか？

だからこの本では、身近にある「好きなもの」や、大好きでみんなにおすすめしたい人やもの、つまり「推し」について、自分の言葉で説明する練習をしてみましょう。

なぜ、「好きなもの」や「推し」について話すのかというと。

答えはかんたん。だって、

それがいちばん楽しいから！

この本での練習方法はとてもシンプル。「好きなもの」や「好きなこと」についての簡単な質問に一つずつ答えて、「メモ」に書き込んでいくだけです。

　あいだにあるマンガやイラストも楽しみながら、リラックスして、自分のペースで進めてくださいね。順番に質問に答えていくうちに、だんだん、あなたの「好き」について自分の言葉で説明できるようになります。

「好き」を言葉にする3つのステップ

「好き」を言葉にするためのステップは3つです。それぞれのステップで自分の気持ちを整理していくと、自然と「好き」に

ついて自分らしい表現ができるようになります。

　好きについて言葉にすることに慣れてきたら、別の「好き」を見つけて、また同じステップで言葉にしていきましょう。また、「読書感想文」にも挑戦してみましょう。この本で学んだことは、作文や日記を書くときにもきっと役立ちますよ。

　もしちょっと困ったら、大人の人と一緒にやってみるのもおすすめです。誰かと一緒に「好き」について話すと、新しい発見があるかもしれません。

　　さあ、さっそく始めましょう！

みやけかほ

目次

- 〈マンガ〉「やばい」だけじゃダメみたい!? ……………………… 02
- はじめに 「好き」について話すのはとっても楽しい！ ……… 04
- この本の主な登場人物 ………………………………………… 12

レッスン 1　いろんな「好き」を自分の言葉で説明しよう

- **準備**　「好き」を決めよう ………………………………… 14
  - 「好き」が何もない人なんていません ……………………… 14
- 📝 **準備のメモ** ……………………………………………… 15
- **ステップ1**　どこが好き？〈マンガ〉…………………… 16
  - 「好きなところ」は細かいほどいい ………………………… 18
- 📝 **メモ①** …………………………………………………… 20
- **ステップ2**　どんな「好き」？〈マンガ〉………………… 22
  - 「好き」という感情も細かくしましょう …………………… 24
- 📝 **メモ②** …………………………………………………… 26
- **ステップ3**　どうして「好き」？〈マンガ〉……………… 28
  - 「好き」には必ず元があります ……………………………… 30
- 📝 **メモ③** …………………………………………………… 32
- **まとめ**　「好き」を「自分の言葉」で説明しよう ………… 34
- 📝 **完成** ……………………………………………………… 35
- **お手本** ……………………………………………………… 36

別の「好き」でもう一度やってみよう

どんな「好き」でも説明できる！ ……… 38
3つのステップに慣れましょう ……… 38
✏️ **準備のメモ** ……… 39
✏️ **メモ①** ……… 40
✏️ **メモ②** ……… 42
✏️ **メモ③** ……… 44
✏️ **完成** ……… 46

レッスン2 大好きな「推し」のことを、自分の言葉で話してみよう

●推しを語るって最高！ ……… 48
「推しポイント」も細かいほどいい ……… 48
✏️ **メモ①** ……… 50
✏️ **Aについての メモ②** ……… 52
✏️ **Aについての メモ③** ……… 54
✏️ **Bについての メモ②** ……… 56
✏️ **Bについての メモ③** ……… 58
✏️ **Cについての メモ②** ……… 60
✏️ **Cについての メモ③** ……… 62

✏️ **完成** ··· 64

〈マンガ〉自分の言葉で ·· 66

オリジナリティは「細かさ」に宿ります ························· 68

　お手本 ··· 70

レッスン 3　自分の「好き」をうまく伝えよう

〈マンガ〉うまく伝えられない ·· 72

● **伝え方を工夫しよう** ··· 74
「話せば伝わる」とは限りません ···································· 74

● **あなたの推しについて
よく知らない相手に伝えるとき** ································ 76
「かんたんな情報」を付け足して ···································· 76

✏️ **作戦メモ** ·· 77

● **あなたの推しについて
興味ゼロの相手に伝えるとき** ··································· 78
相手の興味に結びつけるのが◎ ······································ 78

✏️ **作戦メモ** ·· 79

● **あなたの推しのことを嫌いな相手に伝えるとき** ······ 80
「わかってるよ」のサインを出して ································ 80

✏️ **作戦メモ** ·· 81
自分の意見を閉じ込めないで ··· 82

〈マンガ〉相手に合わせた話し方 ………………………… 84
おまけのアドバイス ………………………………… 86

レッスン4 自分の言葉で読書感想文を書いてみよう

- 読書感想文に応用しよう！ ………………………… 88
  本の中の「好き」を書くのが読書感想文です ……… 88
- 📝 準備のメモ ……………………………………… 89
- 📝 メモ① ……………………………………………… 90
- 📝 メモ② ……………………………………………… 92
- 📝 メモ③ ……………………………………………… 94
  心を動かす読書感想文を書くコツ ………………… 96
  お手本メモ① お手本読書感想文① ごんぎつね ……… 98
  お手本メモ② お手本読書感想文② 夜のピクニック … 102
  読書感想文を書くのにおすすめの本 ……………… 108
  「好き」を伝えるコツは作文にも使えます ………… 112

悩んだり、困ったりしたときのQ&A ………………… 114
〈マンガ〉今なら言葉にできるかも！ ………………… 118
おわりに ……………………………………………… 122
購入者限定特典 ……………………………………… 125
フリースペース ……………………………………… 126

この本の主な登場人物

ウサギ

アイドルのギン太が大好きな小学生。自分の好きなものをみんなに伝えたいのにうまく言えないのが悩み。

ネコ

ウサギの親友で頼りになるお姉さん的存在。自分の言葉で推し（オカメちゃん）のことを話すのが上手。

ワニ

「やばい」が口ぐせの元気いっぱいな子。

パンダ

読書が大好き。アイドルには興味ゼロ。

ネズミ

アイドルよりも、アニメや声優が好き。

レッスン 1

いろんな「好き」を自分の言葉で説明しよう

準備 「好き」を決めよう

「好き」が何もない人なんていません

　まずは、どんなに小さくてもいいので、自分の「好き」を自分の言葉で説明する練習をしましょう。
「推し以外に、好きなものは特になし」とか、「推しもないし、好きなものもない」なんていう答えは×ですよ。

「好きな給食のメニューは？」「好きな教科は？」
「図書室で読んだ本でいちばん好きだったのは？」
「持っている文房具の中で好きなものは？」

　ほら、こんなふうに質問されたら、頭の中に「好きなもの」が浮かんでくるでしょう？

ポイント　「好き」はまわりにいっぱいあるよ

準備のメモ

 あなたの「好き」を書いてください。

いくつ書いてもいいよ

レッスン1　いろんな「好き」を自分の言葉で説明しよう

ステップ 1 どこが好き？

「好きなところ」は細かいほどいい

　好きを言葉にしたいときに最初にすることは、「好きなもの」「好きなこと」のどこが好きかを細かく見ていくことです。

　例えば、私は「エナージェル」（ぺんてる株式会社）というボールペンが好きなのですが、好きなところは次の3つです。

- 普通の文房具屋さんで買える
- 書きやすい
- 値段がとても安い

　これを見て「細かいっ！」って思ったかもしれませんね。
　でも、

**「自分」が「好きだなって思うところ」を
できるだけ細かく見ていくこと。**

これはとても大事です。

なぜかというと、できるだけ細かく好きなところをあげるほうが、他の誰かと同じになりにくくなるから。
それが好きを自分の言葉で話す、ということなんですよ。

細かく見ていくコツは、好きだなって思うところをたくさん考えること。たくさん考えることで細かいところにも気づきやすくなるんです。

だから、細かく見ていくというのがよくわからないという人は、たくさん考えるというのをやってみてくださいね。

ポイント　「たくさん」考えれば、「細かいところ」が見えてくるよ

レッスン1　いろんな「好き」を自分の言葉で説明しよう

メモ 1

15ページの**準備のメモ**を見て、下の（　）を埋めてください。

わたしは／ぼくは

（　　　　　　　　　　）が

好きです。

「好き」を1つ選んでね

それのどこ（どういうところ）が好きかを
できるだけ細かく書いてください。

「好きなところ」が細かいほど
自分の言葉になりやすいよ

上に書いた中でいちばん好きなところを
下にもう一度書いてください。

ステップ2 どんな「好き」?

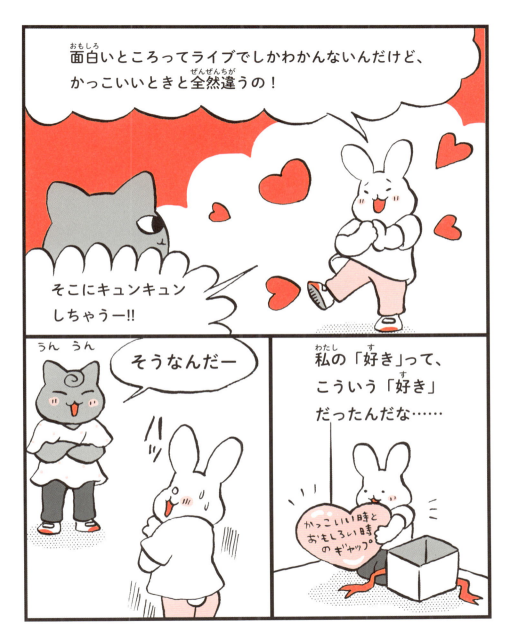

「好き」という感情も細かくしましょう

　ステップ1では好きなところを細かく見ていきましたが、次は好きというざっくりした感情を、もう少し細かく見ていきましょう。

　やり方は簡単です。20〜21ページのメモ❶のさいごに書いたいちばん好きなところについて、あなたが「どんなふうに思っているのか」を言葉にする。これだけでOKです。

　例えば、18ページでもあげた、「エナージェル」の好きなところについて、私がどう思っているかと言うと……。

- 普通の文房具屋さんで買える→便利！　うれしい！
- 書きやすい→異常なほどなめらか
- 値段がとても安い→いいの？　信じられない！

こんなふうに

好きなところについての「感想」を自由に出していけばOK。

「ドキドキする」「ワクワクする」「ザワザワする」みたいに、心の中の様子を言葉にするのもありです。

注意したいのは、「やばい」や「すごい」という言葉です。

この2つはなんでもかんでもカバーできるとっても便利な言葉です。だから、みんなが使うんですよ。

けれどもそのぶん、**みんなと同じになりやすくて、自分らしさが出しにくい**言葉なんです。

使っちゃダメというわけではないけれど、そのことは覚えておいてくださいね。

ポイント　「感想」をそのまま言葉にしてみてね

レッスン1　いろんな「好き」を自分の言葉で説明しよう

メモ 2

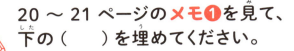

20〜21ページの**メモ❶**を見て、下の（　）を埋めてください。

わたしは／ぼくは
（　　　　　　）が好きです。
いちばん好きなところは
（　　　　　　　　　　　　）
です。

そこが好きなんだね

いちばん好きなところについての気持ち
（どんなふうに思っているか、どんなふうに感じるか）
を「好き」以外の言葉で書いてください。

自由な発想でいいよ

ステップ3 どうして「好き」?

「好き」には必ず元があります

　ここでは好きの元には何があるのか、つまり、好きの理由は何かを考えてみましょう。これをすると、自分の好きについて、もっと詳しく説明できるようになります。

　実は、好きの元（理由）になるのは、だいたい以下の3つです。

1、自分の体験とのつながり（似ているところ）がある。
2、別の「好きなもの」との共通点（似ている特ちょう）がある。
3、「これは新しい！（今まで見たことがない！）」と感じるところがある。

　1（自分の体験とのつながりがある）は、小説や映画、マンガなどの好きによくあるパターン。「そういえば、この登場人物と同じ気持ちになったことあるなあ」みたいに感じる場合は、それが好きの元（理由）になっている可能性が高いです。

また、すでに好きなものと似ている部分がある、というのが2（別の「好きなもの」との共通点がある）のパターンです。ジャンルは全然違っても比べてみたら意外な共通点が見つかるかもしれません。

　1や2が見つからないとしたら、「今まで見たことない！」という驚きが好きにつながっている3（「これは新しい！」と感じるところがある）のパターンだと思います。その場合は、「（自分にとって）どこが新しいのか」を考えてみてください。
　みなさんの場合はこの3のパターンが多いんじゃないかと思います。知らないことが多いから、たくさんの驚きを感じられる。これってとってもワクワクすることですよね。

今の好きは、今しか味わえない感情です。
　だから、その気持ちをしっかり味わってくださいね。

ポイント　3パターンの中のどれが好きの元（理由）なのか考えよう

レッスン1　いろんな「好き」を自分の言葉で説明しよう

メモ 3

26〜27ページの**メモ❷**を見て、下の（　）を埋めてください。

わたしは／ぼくは
（　　　　　　　　　　　）が
好きです。
いちばん好きなところは
（　　　　　　　　　　　）です。
いちばん好きなところについて
わたしは／ぼくは、
（　　　　　　　　　　　）と
思っています。

好きの元（理由）を
次の中から選んで数字に丸をつけ、
質問の答えをできるだけ詳しく書いてください。

---

1 自分の体験とのつながりがある。
　質問 それはどんなつながりですか？

2 別の好きなものとの共通点がある。
　質問 別の何とどんな共通点がありますか？

3 「これは新しい!」と感じるところがある。
　質問 どこが「新しい!」と思いますか？

質問の答え

レッスン1　いろんな「好き」を自分の言葉で説明しよう

まとめ 「好き」を「自分の言葉」で説明しよう

もうこれで、材料は揃いました

32〜33ページのメモ❸で整理した内容を見ながら、右ページの「完成」の（　　　　）を埋めてください。

全部埋めたら、読んでみましょう。
声に出して読むのもいいですね。

ね。他の人には書けない、**自分だけの好きの説明**ができ上がっているでしょう？

好きを自分の言葉で説明するのは、思うよりもずっとかんたんなんですよ。

ポイント　たった3ステップだから楽ちんだね

完成

32〜33ページのメモ❸を見ながら、文章にまとめてください。

わたしは／ぼくは
(　　　　　　　　　　　　　)が好きです。
いちばん好きなところは
(　　　　　　　　　　)です。
いちばん好きなところについて
わたしは／ぼくは、
(　　　　　　　　　　　　)と思っています。
なぜ、わたしが／ぼくが
そういう感想を持ったかというと、
(　　　　　　　　　　　　　　　　　　　)

お手本

　わたしは音楽室が好きです。
いちばん好きなところは、いろんな楽器や絵がたくさんあるところです。
　いちばん好きなところについて、わたしは、自分の家の部屋とすこし似ていて落ち着くなと思っています。
　なぜ、わたしがそう感じるかというと、わたしは自分の部屋に好きなマンガや、友だちにかいてもらった絵、買ってもらったぬいぐるみなど、好きなものをたくさん並べているからです。
　学校の音楽室にも、わたしが好きなピアノや木琴が並んでいて、学校だけど学校じゃないような落ち着く場所だな、といつも思っています。わたしはそういう空間が大好きです。

どんな「好き」でも説明できる!

 **3つのステップに慣れましょう**

1、「好きなところ」を細かく見ていく
2、「好きなところ」についての感想を自由に出す
3、好きの元を3パターンの中から見つける

　1〜3のステップで好きを整理すれば、どんな好きでも、自分の言葉で上手に説明できるようになります。

　大事なのは、この3つのステップで考えることに慣れて、いつもそうするくせをつけることです。
　そこで、大好きな推しの話をする前に、身近にある好きでもう一度練習しておきましょう。

ポイント　「好き」を整理するくせをつけよう

準備のメモ

 あなたの別の「好き」を書いてください。

P.15で書いた中から選んでもいいよ

レッスン1　いろんな「好き」を自分の言葉で説明しよう

メモ 1

🖉 39ページの**準備のメモ**を見て、下の（　）を埋めてください。

わたしは／ぼくは
（　　　　　　　　　　）が
好きです。

「好き」を1つ選んでね

それのどこ（どういうところ）が好きかを
できるだけ細かく書いてください。

「好きなところ」が細かいほど
自分の言葉になりやすいよ

上に書いた中でいちばん好きなところを
下にもう一度書いてください。

メモ 2

40〜41ページの**メモ❶**を見て、下の（　）を埋めてください。

わたしは／ぼくは
（　　　　　　）が好きです。
いちばん好きなところは
（　　　　　　　　　　　　　）
です。

そこが好きなんだね

いちばん好きなところについての気持ち
（どんなふうに思っているか、どんなふうに感じるか）
を「好き」以外の言葉で書いてください。

メモ ③

42〜43ページの**メモ❷**を見て、下の（　）を埋めてください。

わたしは／ぼくは
（　　　　　　　　　　）が
好きです。
いちばん好きなところは
（　　　　　　　　　　）です。
いちばん好きなところについて
わたしは／ぼくは、
（　　　　　　　　　　）と
思っています。

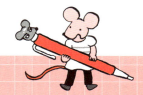

好きの元（理由）を
次の中から選んで数字に丸をつけ、
質問の答えをできるだけ詳しく書いてください。

1 自分の体験とのつながりがある。
　質問 それはどんなつながりですか？

2 別の好きなものとの共通点がある。
　質問 別の何とどんな共通点がありますか？

3 「これは新しい！」と感じるところがある。
　質問 どこが「新しい！」と思いますか？

質問の答え

完成

44〜45ページのメモ❸を見ながら、文章にまとめてください。

わたしは／ぼくは
(　　　　　　　　　　　　　)が好きです。
いちばん好きなところは
(　　　　　　　　　)です。
いちばん好きなところについて
わたしは／ぼくは、
(　　　　　　　　　　　　)と思っています。
なぜ、わたしが／ぼくが
そういう感想を持ったかというと、
(　　　　　　　　　　　　　　　　　　　　)

レッスン 2

大好きな「推し」のことを、自分の言葉で話してみよう

推しを語るって最高!

 「推しポイント」も細かいほどいい

　さあいよいよ次は、大好きな「推し」の魅力を、自分の言葉で話したり、書いたりするレッスンです。

1、「好きなところ」を細かく見ていく
2、「好きなところ」についての感想を自由に出す
3、好きの元を3パターンの中から見つける

　という、これまでやってきたやり方は、大好きな推しについて説明するときも同じです。

　とはいっても、大好きな推しだからこそ、「たくさんの魅力を話したい！」って思いますよね。だからこのレッスンでは、

「好きなところ」をいくつか選んで
それぞれのメモ②とメモ③をつくる

　というのをやってみましょう。もちろんこのときも、選んだ好きなところが細かければ細かいほど、自分らしさが出ます。

　好きなところはいくつ選んでもいいのですが、3つくらいがまとめやすいんじゃないかなと思います。

　だから、このレッスンでは、**好きなところを3つ選んで、メモ❷とメモ❸に進む**やり方にしていますが、3つでは足りない人は、巻末のフリーページも使ってください。

| ポイント | 大好きな「推し」だからこそ
メモは多めに |

メモ ①

 あなたの「推し」を書いてください。

わたしの／ぼくの推しは
(　　　　　　　　　)です。

> それが
> 大好きなんだね

それのどこ（どういうところ）が好きかを
できるだけ細かく書いてください。

 上に書いた中で特に好きなところを
3つ選んで、下にもう一度書いてください。

A

B

C

Aについての メモ❷

✏️ 50〜51ページの**メモ❶**に書いた「特に好きなところA」を見て、下の（　）を埋めてください。

わたしの／ぼくの推しは
（　　　　　　　　）です。
特に好きなところの
1つ目は、
（　　　　　　　　　　　）

なるほどー。
いいね！

「特に好きなところ**A**」についての気持ち
（どんなふうに思っているか、どんなふうに感じるか）
を「好き」以外の言葉で書いてください。

Aについての メモ 3

✏️ 52〜53ページのAについてのメモ❷を見て、下（した）の（　）を埋（う）めてください。

わたしの／ぼくの推しは
（　　　　　　　　　　　）です。

特（とく）に好（す）きなところの1つ目（め）は、
（　　　　　　　　　　　）です。

特（とく）に好（す）きなところの
1つ目（め）について
わたしは／ぼくは、
（　　　　　　　　　　　）と
思（おも）っています。

「特に好きなところA」の好きの元（理由）を次の中から選んで数字に丸をつけ、質問の答えをできるだけ詳しく書いてください。

- -

1 自分の体験とのつながりがある。
　質問 ▶ それはどんなつながりですか？

2 別の好きなものとの共通点がある。
　質問 ▶ 別の何とどんな共通点がありますか？

3 「これは新しい！」と感じるところがある。
　質問 ▶ どこが「新しい！」と思いますか？

- -

質問の答え

レッスン2　大好きな「推し」のことを、自分の言葉で話してみよう　55

Bについての メモ ❷

50〜51ページの **メモ❶** に書いた
「特に好きなところ**B**」を見て、下の（　）を埋めてください。

わたしの／ぼくの推しは
（　　　　　　　　　　）です。
特に好きなところの
2つ目は、
（　　　　　　　　　　）です。

そっちもいいね！

「特に好きなところ**B**」についての気持ち
（どんなふうに思っているか、どんなふうに感じるか）
を「好き」以外の言葉で書いてください。

Bについてのメモ 3

56〜57ページのBについてのメモ❷を見て、下の（　）を埋めてください。

わたしの／ぼくの推しは
（　　　　　　　　　　　）です。

特に好きなところの2つ目は、
（　　　　　　　　　　　）です。

特に好きなところの
2つ目について

わたしは／ぼくは、
（　　　　　　　　　　　）と
思っています。

「特に好きなところB」の好きの元（理由）を次の中から選んで数字に丸をつけ、質問の答えをできるだけ詳しく書いてください。

1 自分の体験とのつながりがある。
   質問 それはどんなつながりですか？

2 別の好きなものとの共通点がある。
   質問 別の何とどんな共通点がありますか？

3 「これは新しい！」と感じるところがある。
   質問 どこが「新しい！」と思いますか？

質問の答え

Cについての メモ❷

50〜51ページの **メモ❶** に書いた
「特に好きなところ**C**」を見て、下の（　）を埋めてください。

わたしの／ぼくの推しは
（　　　　　　　　　）です。

特に好きなところの
3つ目は、
（　　　　　　　　　）です。

> 気になる！
> 気になる！

「特に好きなところC」についての気持ち
（どんなふうに思っているか、どんなふうに感じるか）
を「好き」以外の言葉で書いてください。

Cについての メモ 3

✏️ 60〜61ページのCについてのメモ❷を見て、下の（　）を埋めてください。

わたしの／ぼくの推しは
（　　　　　　　　　）です。

特に好きなところの3つ目は、
（　　　　　　　　　）です。

特に好きなところの
3つ目について
わたしは／ぼくは、
（　　　　　　　　　）と
思っています。

「特に好きなところC」の好きの元（理由）を
次の中から選んで数字に丸をつけ、
質問の答えをできるだけ詳しく書いてください。

---

1 自分の体験とのつながりがある。
　質問 それはどんなつながりですか？

2 別の好きなものとの共通点がある。
　質問 別の何とどんな共通点がありますか？

3 「これは新しい！」と感じるところがある。
　質問 どこが「新しい！」と思いますか？

質問の答え

「推し」を自分の言葉でアピールしよう

「**A**についての**メモ❸**」「**B**についての**メモ❸**」
「**C**についての**メモ❸**」を見ながら、自由な文章にしてください

上手に説明できたね!

オリジナリティは「細かさ」に宿ります

　他の人とは違う特ちょうのことを「オリジナリティ」といいます。つまり、「自分の言葉で語る」というのは、「オリジナリティを出す」ということなんですね。

オリジナリティを出すのに大事なのは、とにかく「細かく見ていくこと」です。

　例えば、「私の推しアイドルのAくんはやばい！」みたいな言い方は、**自分の言葉**にはなっていません。
　みんながよく使う「やばい」という言葉を使っていることもその理由のひとつです。でも、「やばい」だけでなく、「私の推しアイドルのAくんはやばい！」というのも、Aくん推しの人なら、誰にでも言えてしまうことですよね。
　つまり、「やばい」だけだと、オリジナリティがないんですね。

けれども、好きなところを細かく見ていくとこんなふうに言えるはずです。

「私の推しアイドルのAくんが●●を歌っているときの大人っぽい表情（特に目力）がやばい」

これなら「やばい」という言葉は使っていても、自分の言葉になっています。

もちろん、「やばい」という言葉ももっと細かくして、「今までに見たことないくらいカッコ良すぎる！」みたいな言い方にすれば、さらにいいですね。

こんなふうに細かくすることを意識すると、知っている言葉の数が少なくてもちゃんとオリジナリティは出せるのです。

ポイント いい言葉を無理に探そうとせず「細かさ」を目指そう

お手本

　わたしの推しは給食に出てくるプリンです。
　特に好きなところの1つ目は、底のカラメルが少しだけ苦くて甘いところです。普通のプリンはカラメルが甘いだけなのですが、給食のプリンはちょっとだけ苦いところがいつもおいしいなあと感じます。
　好きなところの2つ目は、牛乳に合うところです。わたしの学校では牛乳が給食に出るのですが、牛乳に合うおかずはなかなか出てきません。でもプリンがある日は、プリンと牛乳を一緒に食べたらいいので、そこが好きです。
　好きなところの3つ目は、ふたが開けやすいところです。ゼリーと比べるとプリンはふたが開けやすいと感じます。プリンが出るとわかると、推しが来る！　とうれしくなります。

レッスン3

自分の「好き」を うまく伝えよう

伝え方を工夫しよう

「話せば伝わる」とは限らない

　ここまでのレッスンで、あなたは自分の好きを自分の言葉で説明できるようになりました。

　でも、相手があなたの推しのことをほとんど知らなかったりすると、伝えたいことがうまく伝わらないことがあります。いくら自分らしい言葉で推しの魅力について一生けん命説明したとしても、「なんのこっちゃ」と相手はポカンとしてしまうでしょう。

　また、そもそもあなたの推しにまるっきり興味がないとか、むしろ「嫌い！」って思っていたりすると、まったく聞く耳を持ってくれないかもしれません。

　そんなふうに、自分とは違うタイプだなあとか、興味の方向

が違いそうだな、と感じる相手に自分の好きについて伝えたいなら、その違いを埋めてから話す、という作戦が必要です。

この作戦を立てるために大事なのは、

伝えたい相手の心の中を想像すること。

もちろん、同じ推しを応援している仲間とか、あなたの推しのことをよく知ってる人なら、作戦なんてなくてもちゃんと伝わります。だから、気楽だし、楽しいんですよね。

でも、伝えたい相手が好きなものは何か？　などを想像するくせをつけておくと、まわりのお友だちや家族、先生とのコミュニケーションもうまくいきやすくなります。だから、上手な作戦の立て方をぜひ覚えてくださいね。

ポイント　「違い」を埋める作戦を考えよう

あなたの推しについて よく知らない相手に伝えるとき

「かんたんな情報」を付け足して

　大好きなマンガがあって、「あの場面がドキドキする」みたいな話をしたいのに、相手がそのマンガを読んだことなくて内容も全然知らない、といった場合には、

「●●ってマンガがあって、
　それは中学校のサッカー部が舞台なんだけどね」

というふうに、そのマンガについてのかんたんな情報をまず伝えるようにしましょう。

　ただしここで、あんまりたくさんしゃべりすぎてしまうと、伝えたかったことにたどり着けなくなるので要注意。

ポイント　付け足す情報は少なめにしよう

作戦メモ

64〜65ページに書いた「推し」の良さを、「その推しのことをよく知らない人」にうまく伝えるために、付け足したい情報を考えてください。

いい作戦、ひらめいた?

レッスン3　自分の「好き」をうまく伝えよう

あなたの推しについて興味ゼロの相手に伝えるとき

相手の興味に結びつけるのが◎

　大好きなマンガについて話したくても、相手がマンガ自体にまったく興味がないこともありますよね。

　そんなときは、まず、「相手の興味に合わせる」という作戦がおすすめです。

　もしも相手がお笑い好きだとしたら、

「お笑い芸人の●●も面白いって言ってる、
●●ってマンガがあるんだけど……」

というふうに、お笑いとマンガを結びつけてみましょう。そうすると興味を持ってもらいやすくなりますよ。

ポイント　相手のことをよく想像しよう

作戦メモ

64〜65ページに書いた「推し」の良さを、
「その推しに興味ゼロの人」の
どんな興味とどんなふうに結びつけるかを
考えてください。

相手の興味を想像してみて

レッスン3　自分の「好き」をうまく伝えよう

あなたの推しのことを嫌いな相手に伝えるとき

「わかってるよ」のサインを出して

　例えば、マンガが大嫌いな相手に、自分の大好きなマンガについて聞いてもらいたい！　というときは、

「●●ちゃんはあんまり好きじゃないと思うんだけどね」

みたいに、「マンガが嫌いってことはわかってるよ」というサインを出してから話す、という作戦がいいと思います。
　こう言われると、不思議と「まあ、聞いてみてもいいかな」っていう気分になるものなんですよ。
　もちろんそれでも、「無理」ってそっぽ向く人もいないわけではないですが、やるとやらないでは大違いです。

ポイント　　とにかくやるだけやってみよう

作戦メモ

64～65ページに書いた「推し」の良さを、「その推しをあまり好きじゃない人」に聞いてもらうために、どんな言葉から始めたらいいのかを考えてください。

うまくいくといいね！

自分の意見を閉じ込めないで

　このレッスンでは、自分とは違うタイプの人や、興味の方向が違う人に自分の好きを伝えるコツを練習しました。

　好きについて伝えることに限らず、自分とは違う意見を持っていそうな人に、自分の意見を伝えることは、誰にとっても勇気がいることです。
　自分以外がみんな同じ意見なのに、自分だけが違うっていうときは、なおさらそうですよね。
　でもだからといって、自分の意見をいつも心の中に閉じ込めていると、自分の本当の気持ちを見失ってしまいます。
　だから、たとえみんなと違っていても、

**自分の意見は
ちゃんと言葉にして
外に出したほうがいいよ**

って私はみなさんに伝えたいんです。

大事なのは、「自分の意見はみんなとは違うんだな」ということをちゃんと理解すること。
そうすれば、「みんなとは違う意見なんだけど……」という言葉を自然に付け足すことができます。

そうすると、聞く方も、「自分とは違う意見なんだな」という心の準備ができるので、ちゃんと耳を傾けてくれる可能性が高いんです。だから自分の意見がとても言いやすくなるんです。

これは本当なんですよ。
ぜひ、試してみてくださいね。

ポイント	みんなと意見が違うときは そのことを最初に伝えよう

レッスン3　自分の「好き」をうまく伝えよう

おまけのアドバイス

　わたしはプリンが大好きですが、もちろん、プリンが苦手な人もいるでしょう。

　プリンが苦手な人にプリンを食べろ、とわたしは絶対に言いたくありません。わたしも嫌いな食べ物を食べろと言われるのが、すごく苦手だからです。

　でも、プリンの良さは「人にあげやすいところ」だとわたしは思います。

　プリンは一つひとつケースに入っているので、いらない場合は、他人にあげやすい給食メニューです。苦手な人は、友だちにあげたらいいのです。

　そんなところをアピールすれば、プリンが苦手な人にも推せる！　とわたしは思います。

レッスン4

自分の言葉で読書感想文を書いてみよう

読書感想文に応用しよう！

本の中の「好き」を書くのが読書感想文です

夏休みの宿題でよくある読書感想文は、かんたんに言うと、

「本の中でここが良かった！」

というのを自分の言葉で伝える文章のこと。

だから、推しを語るのと、根っこは同じなんです。これまで練習してきたように、メモ❶からメモ❸を作って、好きを整理すればグッと書きやすくなりますよ。

ポイント　「好き」を整理すれば読書感想文も楽ちんだよ

読書感想文を書きたい本のタイトルは何ですか？

どういう本を選ぶのかな？

メモ 1

89ページに書いた本のどこが好きか、どこが良かったか、どこが印象に残ったかをできるだけ細かく書いてください。

- 良かった場面
- 良かったせりふ
- 良かったキャラクター

などを思い出してみよう

この中で特に好きだったところや
印象に残ったところに印をつけておいてね

メモ ❷

90 〜 91 ページの **メモ❶** で印をつけた
「好きだったところ」「印象に残ったところ」を
書いてください。

2〜3つくらい
あるといいね

左のページに書いたことについての感想を
それぞれ詳しく書いてください。

メモ 3

93ページに書いた感想を見て、なぜそう感じたのかをそれぞれ詳しく書いてください。

- 自分の体験とのつながりがある
- 別の好きなものとの共通点がある
- 「これは新しい!」と感じるところがある

この中のどれに当てはまるかをまず考えてみてね

メモを見ながら
原稿用紙に読書感想文を書いてみよう

心を動かす読書感想文を書くコツ

おさらいになりますが、読書感想文を上手に書くための手順は以下のとおりです。

1、読んだ本の中で、「好きだったところ」「良かったところ」を細かくあげる

2、1の中から選んだ特に「好きだったところ」「印象に残ったところ」について、自分はどういう感想を持ったのかを詳しく書く

3、「なぜ自分はそう感じたのか？」を細かく書く

また、3の「なぜ自分はそう感じたのか？」を書くときには、

- 自分も同じような体験をしていた
- 友だちが同じようなことを言っていた
- あまり聞いたことがない考えだった

という3パターンのうちのどれだろう？　と考えると良いのですが、読書感想文の場合は、自分の体験を混ぜるのがいちばん書きやすいのではないかと思います。

そして読書感想文の場合は、ぜひ試してみてほしいコツがもうひとつあります。

それは、その本を読んだことで、

「これからの自分がどう変わりそうか」
「どうなりたいか」を最後に書くこと。

そうすることで、文章がまとめやすくなるだけでなく、読んでいる人の心を動かしやすくなりますよ。

> **ポイント**　本の内容に「自分のこと」を混ぜて書いてみよう

☆本のタイトル

　　ごんぎつね

☆印象に残ったところ

・兵十がごんへの誤解に気づく場面

☆ 印象に残ったところについての感想

ふたりの誤解に共感した

☆ なぜ印象に残ったのか

自分も昔、よく誤解されることで悩んでいた。友だち関係で、誤解を避けることはとても難しいと思う。

ごんぎつね

　新美南吉の『ごんぎつね』を読んで、私が最も印象に残ったのは、兵十がごんを撃ち、その直後にごんのいたずらが実は恩返しだったと気づく場面だ。とても悲しい誤解である。

　狐の「ごん」は、かつて村人の「兵十」の家から食べ物を盗んだことを後悔する。そして、こっそり食べ物を届けるようになる。が、兵十にはその気持ちが伝わらないのだ。ふたりはすれ違い、悲しい誤解が生まれていった。

　たしかに、人間同士でも誤解はよくあるよなあ、とこの場面に私は共感した。

例えば自分が小学生のとき、クラスのもめごとはだいたい、誤解が原因だった。しかも、一度誤解をすると、誤解していたことを認めるのも恥ずかしく、誤解していたことを謝るのも気まずく感じられてしまうのだ。
　ごんが、もう少し早く謝っていたら。兵十が、もう少し早くごんを理解しようとしていたら。そう思うが、たしかに誤解を解くことは、人間関係において最も難しいコミュニケーションのひとつである。
　もし自分が間違えていそうだったら、早めに「ごめん!」と謝ろう、と『ごんぎつね』を読んで思った。意地を張らずに。

☆本のタイトル
　夜のピクニック

☆印象に残ったところ

・貴子が母親に自分の葛藤を言えないところ

・結末が希望をもって終わる点

☆ 印象に残ったところについての感想

貴子が誰にも言えない秘密を抱えていることにもどかしさを感じた。

☆ なぜ印象に残ったのか

自分自身も、中学生の頃、親とは仲が良いのにやっぱり親に言えない悩みは存在していたから。

夜のピクニック

　恩田陸の『夜のピクニック』は、高校生活最後の一大イベント「歩行祭」を舞台にした青春小説である。夜を徹して80キロを歩くこの行事の中で、登場人物たちはそれぞれの思いを抱えながら、一歩一歩を踏みしめていく。
　なかでも、主人公の甲田貴子が「他人に自分の葛藤を言えないところ」が、なにより印象深かった。
　彼女はある秘密を隠しながら日常を過ごしている。が、その秘密を、母親にも、友達にも、打ち明けることができない。ひとりで抱えながら生きていた。……と書くと彼女が友達や母親と仲の悪い人物であると想像してしまうかもしれない。しかしそうではないのだ。彼女は

決して友達とも母親とも仲が悪いわけではない。むしろちゃんと日常生活は平和に、穏便に過ごしている優等生タイプだ。何事もなく日々は進む。しかしそれでも彼女はひっそりと秘密を抱えている。誰にも言えない感情があるのだ。

　——この貴子の様子が印象深かったのは、自分自身も同じような経験を持っていたからだ。

　親とは仲が良かったし、友達とも仲が良かった。信頼もしている。それでも、どうしても言えない悩みは、たしかにあった。

　私の場合、それは中学生の頃のことだった。

　なぜ打ち明けられなかったのだろう？　相談すれば、きっとみんな親身になって聴いてくれただろうに。今な

ら、そう言いたくなってしまう。だけど、当時はそう思えなかった。友達や親に言ったところで解決する問題ではない、と感じてしまった。

　自分の悩みは、結局、自分自身で何とかするしかない。私はそう思い込む性格だった。他人に相談すれば「気にしなくていい」と励まされるかもしれない、ということも怖かったのかもしれない。気にしなくていい、なんて言われたくなかった。だから誰にも言えなかった。貴子もまた、きっと他人に言ったところで自分の問題が解決するわけではないことが分かっていたから誰にも言えなかったのだろう。

　思春期において、他人に言えない悩みを抱えたまま、何事もないように日常を過ごしていた。——そのもど

かしさを、貴子の姿を通して、私は改めて思い出した。

『夜のピクニック』では、貴子が長い長い歩行祭の中で、自分の感情や信念と向き合い、少しずつ変化していく様子が描かれる。最終的に彼女は、自分の秘密を完全に打ち明けることはなくとも、ある関係にひとつの答えを見出す。きっとそこには、「他人に相談する」以外の悩みの解決方法が描かれている。

私もまた、当時の悩みを他人に打ち明けることはなかったが、それでも時間や経験が一つひとつ解決に導いてくれた。『夜のピクニック』を読むと、登場人物の葛藤と、自分自身の思春期の頃の悩みが重なる。そしてその先にあるさわやかな結末が、どこか自分の将来にも希望を見せてくれるように思えるのである。

読書感想文を書くのに おすすめの本

小学生のみなさんにぜひ読んでもらいたい7冊を紹介します。読み終わったらぜひ、「自分の言葉」で読書感想文を書いてみてくださいね。

モモ
ミヒャエル・エンデ著
大島かおり翻訳／岩波書店

生きる時間を感じるために

廃墟の劇場に住む少女モモは、不思議な力を持っていた。彼女は「時間どろぼう」に奪われた人々の時間を取り戻すことができるのか？　忙しく生きるなかで、本当に必要な力とは何か、生きる価値とは何か。読書感想文を書きがいのある一作。あなたにとって「灰色の男」が奪うものとは何か、考えてみても面白いはず。

そして五人がいなくなる
名探偵夢水清志郎事件ノート
はやみねかおる著／講談社

毎日楽しいってどういうこと？

名探偵・夢水清志郎を知っていますか？　自分の名前や役職やごはんを食べたかどうかさえ忘れてしまう名探偵と、小学生の三つ子が繰り広げる、あるひと夏の冒険を描いたミステリー。楽しい夏休みを送りたいあなたに読んでほしい小説。自分にとって「楽しい思い出」って何だろう？　ということを考えながら読書感想文を書いてみよう。

ルドルフとイッパイアッテナ
斉藤洋著／講談社

迷い猫が学んだ生きる知恵

東京に迷い込んだ子猫ルドルフは、大きな野良猫イッパイアッテナと出会う。厳しい都会で生きる知恵を学びながら、ふたりは友情を深めていく……。自分の友達とのエピソードを織り交ぜながら書くと読書感想文が書きやすい。シリーズもので何冊も続刊があるので、自分の好きなキャラクターを見つけてみるのもおすすめ！

兄弟や姉妹がいるあなたに！

ふたりのロッテ
エーリヒ・ケストナー著
池田香代子翻訳／岩波書店

おたがいを知らず、別々の町で育った双子のルイーゼとロッテ。ある夏、スイスの林間学校で偶然ふたりは出会ってしまって!?「もしかすると自分の双子の片割れが世界のどこかにいるのでは?」と想像したことのある人に。双子の女の子の掛け合いや、家族の物語が読んでて楽しい本です。兄弟や姉妹がいる人は感想文を書きやすいですよ。

宇宙って、じつは身近！

宇宙のふしぎ なぜ？どうして？
宮本英昭監修／高橋書店

遠い場所にあるように思いやすい「宇宙」を、星座やお月見など身近な視点から伝えてくれる一冊。宇宙にかかわる仕事ってどんなものがあるのかまで教えてくれるところがすばらしい！ 面白かったところや、自分が宇宙を身近に感じた思い出について感想文に書いてみましょう！

ごんぎつね
新美南吉 著／偕成社

短いけれど深く心に残る一冊

狐のごんと、村人の兵十の、切ないかかわりを描いた絵本。絵本だから読みやすいかと思いきや、誤解をめぐる物語は、現代を生きる私たちにとってとても心にしみる一冊。「なぜこんな誤解が起きてしまったのか?」という疑問を考えながら感想文を書いてみるといいですよ。

夜のピクニック
恩田陸 著／新潮社

歩くだけだけど、なんだか特別

主人公の貴子が通う高校には、夜通し80キロ歩き通す「歩行祭」というイベントがあった。そこで彼女は、ある賭けに出ていたのだった。少し大人っぽい話ですが、思春期の葛藤や人間関係をさわやかに描いた小説。自分にとって好きなキャラクターや似ているキャラクターは誰だろう? と考えながら読んでみると感想文が書きやすくなります。

「好き」を伝えるコツは作文にも使えます

　この本で練習してきた、好きを自分の言葉で伝えるコツは、読書感想文以外の作文を書くときにも役立ちます。

　例えば、「小学校生活の思い出」をテーマに作文を書くとしましょう。
　修学旅行のことを書こうと決めたら、まずは印象に残ったこと（特に覚えていること）を、何度も練習した３つのステップで整理していきます。

1、印象に残ったこと（風景や出会った人、友だちとのやりとりなど）を「細かく見ていく」

2、「印象に残ったこと」についての感想を自由に出す

3、なぜ「印象に残ったのか」を見つける

　3（なぜ「印象に残ったのか」を見つける）については、

- 自分の過去の体験と結びついていた
- 過去に印象に残ったことと似ていた
- それまで見たことがなくて新しかった

という3パターンのうちのどれなのかを考えてみると見つけやすくなります。

ここまで整理できたら、それを文章にしていきます。
最後のまとめには、読書感想文のときと同じように、その経験をしたことで、「これからの自分がどう変わりそうか」または「どうなりたいか」を書けばOK。

これに慣れれば、
作文を書くのがもっと楽しくなりますよ。

> **ポイント** 作文も3ステップ+αを使えばかんたん！

悩んだり、困ったりしたときの Q&A

Q 「とにかく好き」しか出てこないんですけど……

A あなたは「好きに理由はない」と思い込んでるかもしれないですが、推しを大好きになったのは、「好きになった瞬間」の積み重ねがあるからです。だから、「好きになったエピソード」をいろいろ思い出してみてください。その一つひとつが「なぜ好きなのか」のヒントになります。

Q どうすれば、人と違う感想を言えるようになりますか？

A

無理に人と違う感想を言おうとするのではなく、自分の素直な感想をていねいに見ていきましょう。細かく見ていけばそれだけ、他の人には出せないあなただけの感想になるはずです。大事なのは「違いの大きさ」ではなく、オリジナリティなのです。

悩んだり、困ったりしたときの Q&A

Q 「嫌い」を自分の言葉で話すにはどうすれば良いですか？

A 「好き」と同じように、3ステップで「嫌い」を細かく見ていってください。ただ、「嫌い」を見つけるときには、「新しさがない＝たいくつ」以外に、「自分の嫌だった経験」や「自分がすでに嫌いなものとの共通点」を探すことになるので、あんまり楽しくなく、おすすめしません。

Q 作文を書くときの表現力を高める方法はありますか？

A 見たこと、聞いたこと、やったことなどの事実をそのまま書くのではなく、そのときの感情やそう感じた理由を細かく見て、言葉にしてみてください。感情は他の誰でもない、あなただけのものなので、他の人には書けないいい作文が書けるようになりますよ。

おわりに

　わたしの仕事は、文芸評論家といって、「自分の好きな本やマンガの感想を伝える」ことでお金を稼いでいます。この本で書いた、好きを言葉にすることを仕事にしているのです。

　……でも、小さい頃のわたしは、「好きを言葉にする」ことがとても苦手でした。

　なぜなら、好きなものについてしゃべる相手が、なかなか見つからなかったから。もしかしたら、あなたも

「好きな気持ちを言葉にしたくても、それを聞いてくれる人なんて、どこで見つかるんだろう？」

と思っているかもしれません。友だちも、親も、先生も、あなたの話をていねいに聞いてくれる、とは限らないですよね。

　そう思ったとき、ぜひ、まずは「日記」を書いてみてくださ

い。好きなノートを用意して、自分だけの好きなものや、好きな人のことを、たくさん書いてみてください。

他人ではなく、自分に、「自分の好き」を語ってください。

　作文の時間のように、うまく書く必要はありません。だれに見せなくてもよいです。ひとりで、自分の思っていることや、自分の好きなことを、たくさん言葉にしてみてください。

　わたしはそうやって日記を書いているうちに、今の仕事をするようになりました。

　親や友達にわかってもらえなくても、自分だけが自分の「好

き」をわかっていれば、自分を理解できます。

　そうやって、自分が自分のいちばん気が合う友だちになれたら、あなたの人生はきっともっと楽しくなります。

　　あなたが、あなたの「好き」を通して、自分ともっと仲良くなれますように。

　たくさんの、「好き」と出会えますように！

みやけかほ

購入者限定特典

自分の言葉で読書感想文が書ける
「読書感想文メモ」は、
下記よりダウンロードできます。

https://d21.co.jp/formitem/

ID discover3140
パスワード kotoba

※第三者への転売・譲渡を禁止します　※この特典は予告なく終了することがあります。

フリースペース

自分の「好き」をことばにできるノート

発行日　2025年4月18日　第1刷

Author	三宅香帆
Illustrator	伊藤ハムスター
Book Designer	田村梓（ten-bin）
Publication	株式会社ディスカヴァー・トゥエンティワン 〒102-0093　東京都千代田区平河町2-16-1 平河町森タワー11F TEL　03-3237-8321（代表）　03-3237-8545（営業） FAX　03-3237-8323 https://d21.co.jp/
Publisher	谷口奈緒美
Editor	榎本明日香　編集協力：熊本りか

Store Sales Company
佐藤昌幸　蛯原昇　古矢薫　磯部隆　北野風生　松ノ下直輝　山田諭志　鈴木雄大
小山怜那　藤井多穂子　町田加奈子

Online Store Company
飯田智樹　庄司知世　杉田彰子　森谷真一　青木翔平　阿知波淳平　大﨑双葉　近江花渚
舘瑞恵　徳間凜太郎　廣内悠理　三輪真也　八木眸　安室舜介　古川菜津子　高原未来子
千葉潤子　川西未来　金野美穂　松浦麻恵

Publishing Company
大山聡子　大竹朝子　藤田浩芳　三谷祐一　千葉正幸　中島俊平　伊東佑真　榎本明日香
大田原恵美　小石亜季　西川なつか　野﨑竜海　野中保奈美　野村美空　橋本莉奈　林秀樹
原典宏　村尾純司　元木優子　永入姫菜　浅野目七重　厚見アレックス太郎　神日登美
小林亜由美　陳玟萱　波塚みなみ　林佳菜

Digital Solution Company
小野航平　馮東平　宇賀神実　津野主揮　林秀規

Headquarters
川島理　小関勝則　田中亜紀　山中麻吏　井上竜之介　奥田千晶　小田木もも　佐藤淳基
福永友紀　俵敬子　三上和雄　石橋佐知子　伊藤香　伊藤由美　鈴木洋子　照島さくら
福田章平　藤井かおり　丸山香織

Proofreader	株式会社文字工房燦光
DTP	株式会社RUHIA
Printing	シナノ印刷株式会社

- 定価はカバーに表示してあります。本書の無断転載・複写は、著作権法上での例外を除き禁じられています。インターネット、モバイル等の電子メディアにおける無断転載ならびに第三者によるスキャンやデジタル化もこれに準じます。
- 乱丁・落丁本はお取り替えいたしますので、小社「不良品交換係」まで着払いにてお送りください。
- 本書へのご意見ご感想は下記からご送信いただけます。
  https://d21.co.jp/inquiry/

ISBN978-4-7993-3140-8
JIBUN NO "SUKI" WO KOTOBA NI DEKIRU NOTE by Kaho Miyake
(c)Kaho Miyake, 2025, Printed in Japan.